ŒUVRES

DES RELIGIEUSES

DE LA SOCIÉTÉ DE MARIE RÉPARATRICE

DANS LES

MISSIONS DES INDES.

ŒUVRES

DES RELIGIEUSES

DE LA SOCIÉTÉ DE MARIE RÉPARATRICE

DANS LES

MISSIONS DES INDES.

N° 1.

TOULOUSE. — IMPRIMERIE I. VIGUIER.

Rue des Chapeliers, 13.

INTRODUCTION.

Ce fut dans le courant de l'année 1859 que le
révérend Père Saint-Cyr, de la Compagnie de Jésus,
missionnaire à Maduré (Indes Orientales), vint à Paris
voir la très-révérende Mère Marie de Jésus, fonda-
trice et supérieure générale de la Société de Marie
Réparatrice.

Le Père lui demanda si elle voudrait lui donner
de ses religieuses pour une fondation aux Indes,
puisque le but de son œuvre de Réparation, outre
l'Adoration du très-saint Sacrement, est de faire
connaître et régner Jésus-Christ dans les âmes par
le secours des Retraites et l'apostolat des Missions.
La Mère lui proposa de voir la communauté réunie,
ce qu'il accepta avec bienveillance. Là, il parla de sa
chère Mission avec tant d'intérêt, avec une si tou-
chante bonté ; le zèle ardent de la charité dictait si
bien toutes ses paroles, que les cœurs en furent
émus. Après son départ, toutes les religieuses vin-
rent à l'envi remercier leur bonne Mère de leur avoir
procuré une si douce consolation.

Cette première impression fut pour la Mère générale comme une lumière et une espérance ; elle pensa
que Notre-Seigneur lui manifesterait sa volonté au
sujet de cette Œuvre nouvelle ; elle pria beaucoup,
fit prier ses filles, puis leur proposa la Mission.

L'accueil fut spontané et si bien marqué du sceau qui caractérise les œuvres de Dieu, que dès-lors elle fut acceptée. Douze religieuses s'offrirent à partir : sept furent choisies, cinq religieuses de chœur et deux sœurs coadjutrices.

La première qui se présenta fut la Mère Marie de de Saint-Joseph, une des premières compagnes de la très-révérende Mère générale, et qui était alors assistante de la Maison de Strasbourg. Elle fut non-seulement acceptée, mais désignée comme supérieure de cette fondation, qui désormais allait être un champ ouvert à son zèle ardent pour la gloire de Dieu. La très-révérende Mère générale s'adressa alors au révérend Père Studer, supérieur des Jésuites de la Province de Toulouse, de qui dépend la Mission du Maduré ; elle lui demandait d'accepter une fondation à Trichinopoli. L'accueil fut bienveillant et la décision prompte : dès-lors le départ fut fixé au 28 novembre de cette même année 1859. Le P. Saint-Cyr retournait dans sa Mission ; il devenait par là même le protecteur de ces jeunes Missionnaires. On se donna rendez-vous à Marseille pour le jour indiqué.

Ce fut par une de ces délicieuses matinées qui laissent si doucement tomber dans le cœur du pèlerin et du navigateur le courage et l'espérance, que la malle anglaise vit arriver vers elle, à l'heure du départ, une barque contenant sept religieuses revêtues des livrées de Marie (le costume des religieuses de Marie Réparatrice est entièrement bleu et blanc), et ayant à leur tête le R. P. Saint-Cyr. L'adieu suprême venait d'être échangé entre la Mère et les enfants. La R. M. générale avait conduit elle-même cette partie si chère de sa famille spirituelle jusqu'au lieu de l'embarquement; et s'il y eut de part et d'autre un de ces brisements de cœur qu'on ne peut redire, il y eut aussi un saint et héroïque courage. Pas une larme ne fut versée; Dieu seul fut témoin de la douleur du sacrifice, parce que *seul* il allait être *tout* pour ces âmes qui veulent travailler uniquement pour le ciel, et qui, pour le faire gagner à d'autres âmes, quittent, le sourire sur les lèvres, leur patrie et les saintes affections de la famille et de la religion. Tant que l'œil put suivre la barque qui glissait silencieuse sur la mer si calme et si belle, on se fit les derniers signes d'adieux; et quand on ne vit plus rien, ce fut encore vers le ciel que les regards se reportèrent pour y puiser une force et un courage qui ne se sont jamais démentis pendant ce long et si pénible voyage.

Le R. P. Saint-Cyr et les religieuses, à leur arrivée dans les Indes, ont envoyé des détails qu'on ne lira pas, nous l'espérons, sans quelque intérêt; ils sont simples et touchants : c'est le cœur chrétien qui redit ses pieuses émotions et ses joies premières en abordant sur cette terre lointaine, devenue sa nouvelle patrie pour l'amour de Jésus.

Avant tout, nous aimons à faire connaître la lettre que le très-révérend Père Pierre Beckx, général de la Compagnie de Jésus à Rome, a adressée en cette circonstance à la très-révérende Mère générale pour la féliciter sur sa sainte entreprise.

Madame,

J'ai adoré la volonté de Dieu et les voies de sa providence toujours pleine de miséricorde dans le concours des évènements qui ont amené le R. P. Saint-Cyr à frapper à votre porte afin d'obtenir des religieuses pour le Maduré. Le Seigneur vous a mise à même, non-seulement de remplir l'attente de ce Père, mais de dépasser ses espérances. Vous avez pu, pour un premier envoi, lui céder sept de vos saintes filles, et sur ce nombre quelques Anglaises, qualité bien précieuse dans un pays soumis à la Grande-Bretagne. De plus, votre Congrégation s'est chargée des frais de traversée, de premier établissement..... Que puis-je faire, **Madame**, sinon, après avoir loué et béni l'auteur de tout bien, l'inspirateur de toutes bonnes pensées, de vous remercier d'être venue si généreusement en aide à nos Missionnaires du Maduré, et d'unir nos prières aux vôtres afin que les Maisons que vos filles fonderont dans les Indes soient des sanctuaires de ferveur, de zèle, de sainteté, qui répandent parmi ces populations infidèles la bonne odeur de Jésus-Christ, c'est-à-dire sa connaissance et son amour.

Je demanderai cette grâce au Seigneur par l'intercession de saint Ignace et de saint François-Xavier, à qui la Mission du Maduré doit être bien spécialement chère.

Veuillez agréer, etc.

Pierre BECKX, S. J.

Rome, 17 décembre 1859.

PREMIÈRE FONDATION

A

TRICHINOPOLI (INDES ORIENTALES).

Année 1859-60.

Sept religieuses se sont embarquées à Marseille le 28 novembre 1859, accompagnées par le R. P. Saint-Cyr de la Compagnie de Jésus, missionnaire apostolique dans les Indes.

Ces religieuses sont :

La révérende Mère MARIE DE SAINT-JOSEPH, supérieure, (de Walthamstow, comté d'Essex — Angleterre).

La Mère MARIE DE L'IMMACULÉE CONCEPTION (de Strasbourg, *Bas-Rhin*, — France).

La Mère MARIE DU SAINT-SACREMENT (de Strasbourg, *Bas-Rhin*, — France).

La Mère MARIE DE SAINT-FRANÇOIS-XAVIER (de Strasbourg, *Bas-Rhin*, — France).

La Mère MARIE DE SAINT-MICHEL (de Paris — France).

Sœurs coadjutrices :

La Sœur MARIE DE L'ANNONCIATION (de Carlow — Irlande).

La Sœur MARIE DES SAINTS-ANGES (de Liège — Belgique).

Extraits d'une lettre *du R. P. Saint-Cyr au R. P.
Petit, de la Compagnie de Jésus.*

Près d'Alexandrie, 4 décembre 1859.

Jusqu'ici notre voyage a été des plus heureux ; sauf
deux jours de grosse mer, nous avons eu beau temps.
Les religieuses montrent un grand courage ; elles sont
à bord l'objet de l'admiration et des prévenances de
tous les passagers et officiers. Le capitaine est un
catholique, il se montre très bon. Ce matin nous avons
eu la sainte messe célébrée dans le grand salon de ce
bateau protestant. Une dizaine d'officiers et hauts em-
ployés français qui vont en Chine tout préparer pour
la prochaine expédition, y assistaient ainsi que le capitaine et plusieurs matelots. Après la messe, s'est fait
le froid service protestant.

Le bon Dieu, qui dans sa miséricorde nous a con-
duits jusqu'ici, nous bénira jusqu'au bout, puisque c'est
pour lui seul que nous allons si loin. J'ai le doux espoir
que tout tournera à sa plus grande gloire. Ces bonnes
religieuses contribueront à attirer sur la Mission les
grâces du Ciel par leurs prières, leurs vertus et leur
dévouement. Une nouvelle ère s'ouvrira, il faut l'es-
pérer, sur ce cher Maduré où l'œuvre de Dieu se déve-
loppera plus en grand. Vous prierez, je n'en doute pas,
mon révérend Père, pour la Mission elle-même si chère
à la Compagnie et pour cette œuvre dont vous êtes comme
le créateur. Notre voyage continuera à être heureux,
nous en avons la confiance : trop de prières sont
adressées à Dieu pour qu'il nous arrive quelque acci-
dent.

*LETTRE du R. P. Saint-Cyr à la très-révérende Mère
générale.*

Près d'Aden, 10 décembre 1859.

MA RÉVÉRENDE MÈRE,

Vous désirez sans doute apprendre de moi des nouvelles de vos chères enfants : votre cœur sera satisfait
de les savoir aussi bien que possible et remplies de
joie et de courage. Dans la Méditerranée, quelques-unes
ont souffert du mal de mer; mais la terre d'Egypte, où
elles ont trouvé une si charitable hospitalité chez les
sœurs du Bon-Pasteur du Caire, les a parfaitement re-
mises. Le désert, nous l'avons agréablement franchi en
chemin de fer. Nous sommes maintenant sur la mer
Rouge, le vent est moins fort, le vapeur plus grand;
il y a donc moins à souffrir. Nous arriverons le dimanche,
dans la nuit, à Aden, et le reste du voyage sera aussi
heureux que le commencement. La chaleur commence
à se faire sentir, et vos enfants ont changé leur costume de laine pour celui de coton. Depuis Marseille
jusqu'ici, ces dames ont été l'objet des prévenances de
tous les passagers. On admire leur courage, on s'é-
tonne de leur dévouement, et leur joie est une énigme
pour tous. Tout s'est donc passé avec les convenances
voulues, et nous n'avons qu'à remercier le Seigneur du
bon accueil qu'il a fait trouver à vos filles.

Quant à moi, je n'ai qu'à m'applaudir de leur con-
duite; elles sont remplies d'égards pour moi, et ce qui
est plus important, pleines de dignité et de convenance
vis-à-vis des passagers. Leur présence sur le bateau

est une prédication muette, mais bien éloquente; ce sont des germes de conversion, je n'en doute pas, jetés dans le cœur de plusieurs protestants. La mère Marie de Saint-Joseph, la supérieure, se montre remplie de bonté et de charité pour ses bonnes sœurs, et aujourd'hui même elle a voulu passer la nuit sur une simple natte afin de céder sa couchette à l'une d'elles qui était un peu souffrante. Elles ont toutes commencé à apprendre la langue tamoule ; c'est mon petit Indien qui leur sert de maître, et elles en sont très-contentes. Elles apprendront vite cette langue de leur nouvelle patrie.

Pour vous, ma révérende Mère, nous sentons que vous priez d'une manière bien spéciale pour vos chères enfants. Continuez à élever vers le Ciel vos supplications pour le plein succès d'une œuvre entreprise uniquement pour la gloire de Dieu, et qui, nous en avons la douce confiance, sera un moyen de salut et même de régénération temporelle pour un si grand nombre de pauvres Indiennes.

Agréez, ma révérende Mère, l'hommage de mon profond respect.

Votre très-humble serviteur.

L. SAINT-CYR. S. J.

Deux jours après le départ, la R. M. MARIE DE SAINT-JOSEPH adressait ces lignes à la très-révérende Mère générale.

A bord du *Panther*, 30 novembre 1859.

MA TRÈS-RÉVÉRENDE ET BIEN-AIMÉE MÈRE,

Je viens de me lever exprès pour vous écrire, car je sais que vous aimerez avoir de nos nouvelles le plus tôt possible. Nous avons été toutes si malades, à l'exception de la Mère Marie de Saint-Michel, qu'avec la meilleure volonté il nous a été impossible de nous tenir debout. Que vous aviez l'air triste, ma Mère, au moment de nous quitter! aussi, quand je peux penser à quelque chose, c'est à vous que je pense, et je prie le Seigneur de ne pas vous permettre de vous inquiéter.

Comme vous me l'aviez si bien dit, Notre-Seigneur a été bien bon pour moi, et depuis le moment que je vous ai dit adieu, il est si près de moi, que je ne sens jamais de solitude où je suis; vous l'avez tant prié, qu'il vous a exaucée tout de suite. Je viens de causer avec notre capitaine et je lui ai dit qu'il fallait absolument que nous ayons la messe dimanche, car nous n'arriverons que le soir à Alexandrie. Il m'a de suite répondu que ce serait très-facile.

Il faut que je vous quitte, ma bien-aimée Mère, car je sens que je dois me coucher. Bénissez votre petite enfant : vous savez combien elle vous aime! Parlez souvent d'elle à Notre-Seigneur, afin que le courage ne lui manque jamais. Elle est si petite, si *rien* d'elle-même, que sans sa Mère elle ne peut rien faire, et qu'elle ne voudrait rien entreprendre, si sa Mère ne se chargeait de tout. Vous savez que vous m'avez dit de ne rien craindre, de ne me préoccuper de rien : aussi je ne pense à l'avenir que pour le recommander au divin Maître, et lui dire de tout arranger pour sa plus grande gloire.

Ce même jour, la Mère Marie de Saint-Michel écrivait aussi à la T. R. Mère générale en ces termes :

Oui, bonne Mère, nous avons compris votre désir et nous avons laissé nos cœurs souffrir en silence. Nous sommes arrivées à bord sans autre amertume que celle de vous quitter. Nous nous sommes serrées autour de notre Mère supérieure ; l'amour sert ici le devoir, et il nous sera doux et facile de lui être soumises : elle est votre vivante représentation, son cœur est l'image du vôtre. Chacune de ces sept épines que vous avez arrachées à votre cœur, vous les avez plantées dans le sien...

Toutes sont malades, excepté moi. Je me regarde comme indigne de souffrir, mais le R. P. Saint-Cyr dit que Dieu en épargne une pour avoir soin des autres. A chaque instant, nous entendons parler de ce pays qui va devenir notre *terre ;* c'est toujours pour être rassurées sur le climat, la nourriture, les habitants qui, quoique idolâtres, ne sont pas hostiles ; le voyage aussi n'offre que des difficultés tolérables. Nous sentons bien que tout le monde prie pour nous : nous sommes très-heureuses et ne céderions point notre part à d'autres. Veillez sur vos enfants, bonne Mère ! que Jésus soit votre consolateur et le nôtre, et qu'il comble en nos cœurs le vide qui vient de se faire !... Nous allons faire régner son nom, le faire aimer de tant d'âmes, quel bonheur est le nôtre ! et c'est à vous que nous le devons ! Le monde est étonné de notre dévouement, et nous sommes étonnées de son étonnement, car la force qui nous porte nous élève au-dessus de tout sentiment autre que celui de l'infini bonheur que l'âme goûte à étendre le règne de Jésus-Christ.

Votre enfant bien reconnaissante.

MARIE DE SAINT-MICHEL.

Relation *du voyage de Marseille à Trichinopoli, rédigée et envoyée dès son arrivée par la Mère* Marie de Saint-Michel *à la Mère* Marie de Sainte-Madeleine, *à Paris.*

Trichinopoli, 15 janvier 1860.

Ma révérende Mère,

C'est avec une bien douce satisfaction que j'ai recueilli tous les détails de notre voyage. Je savais combien nos Mères seraient heureuses de nous suivre dans les moindres circonstances qui nous ont occupées : aussi les ai-je réunis avec une minutieuse exactitude. Ma pauvre réputation d'écrivain en souffrira; j'ai laissé la forme pour le fond. Cela n'est-il pas bien méritoire dans un siècle où l'on sacrifie tout à la première?

Suivez-nous, bien bonne Mère; encore quelques heures, et mon journal portera comme titre : Départ de Marseille pour les Indes Orientales! et nous aurons disparu aux regards curieux qui nous poursuivent depuis deux jours.

A cinq heures, notre Mère nous conduit à la chapelle des Jésuites où, une dernière fois près d'elle et avec elle, nous recevons le pain des forts. Toutes animées de la même foi, nous laissons souffrir nos cœurs et dominer la confiance. Notre Mère nous bénit, nous assure que nous ne devons rien craindre, que nous arriverons au port; elle nous embrasse, nous bénit encore, et nous sommes dans la barque qui nous conduit au bâtiment. Le R. P. Saint-Cyr est au milieu de nous. Nos yeux restent fixés sur notre Mère et sur la Mère Saint-Victor : elles sont là sur le bord du rivage.

Le cœur de notre Mère est brisé; mais elle est debout, comme Marie au pied de la Croix, livrant ses filles pour le salut de tant d'âmes! Enfin tout disparaît, et nous sommes à bord avec le bonheur et la force que donne l'appel de la Grâce, serrées autour de celle qui doit représenter notre Mère.

A huit heures et demie l'ancre est levée, et longtemps nos regards restent fixés sur Notre-Dame de la Garde, qui veillera sur nous pendant la traversée. Le temps est magnifique, les flots sont calmes, et cependant les santés sont un peu ébranlées. La Mère supérieure et moi sommes épargnées, ou du moins légèrement atteintes.

Le lendemain 29 novembre nous laisse aux prises avec ce mal indéfinissable appelé si bien le mal de mer; cette fois, six sur sept sont hors de combat, et je reste seule au poste, allant de l'une à l'autre et me soutenant tant bien que mal sur ce château branlant. Nous ne nous étions jamais vues à pareille fête, et nous tâchons de faire bonne contenance malgré tous ces petits inconvénients. Nous voyageons avec un grand nombre d'officiers anglais et français envoyés en Chine, et vraiment, grâce à Dieu, nous sommes partout et de tous bien vues et bien reçues. Sans doute c'est à notre habit que nous le devons; on a deviné que nous étions des guerrières de Jésus-Christ vouées au salut des âmes et à la gloire de Dieu! Nous passions ce matin entre les îles de Corse et de Sardaigne, et déjà nous sentions cette douce et bienfaisante chaleur du sud de l'Italie.

Le 1er décembre, nous touchons à Malte, après une nuit des plus agitées. Il est cinq heures : notre bon capitaine fait prévenir la R. Mère supérieure qu'elle pourra prendre terre. Une demi-heure après, le R. P. Saint-Cyr nous réunit sur le pont et nous entrons dans la barque qui nous conduit au rivage. Le R. P. nous rappelle que ce fut dans cette île que saint Paul fit sa première prédication de l'Evangile, et que ce grand apôtre y a depuis conservé la foi, malgré bien des obstacles. Il nous engage à le prier avec toute la ferveur possible. Nous nous rendons à l'église qui est sous son vocable, et qui a été élevée par les premiers Jésuites. Après avoir eu le bonheur d'entendre la sainte messe et de recevoir Notre-Seigneur, nous visitons l'église Saint-Jean dite des Chevaliers de Malte; nous admirons les mosaïques qui forment le pavé de l'église et qui sont autant de tombeaux portant le nom, la devise et les armes de chaque chevalier.

La sainte communion a donné à nos âmes et à nos santés même une vigueur nouvelle, et nous remontons à bord renouvelées et bien heureuses. Toutefois la mer n'est plus d'aussi bonne composition, le vent souffle, et notre *Panther*, chargé ce matin d'une lourde cargaison de poudre, laisse passer la lame sur le pont. Mon journal est inondé et porte les traces des vagues de la Méditerranée.

Le bulletin des santés, comme celui du 2 décembre, veille de la fête de saint François-Xavier, est fort triste. Le R. P. Saint-Cyr nous parle des travaux et des fatigues de ce grand apôtre de l'Inde, et nous sommes heureuses de penser que nous aborderons sur cette même côte de la Pêcherie où le saint habita si longtemps.

Le 3 décembre, comme les autres jours, la Mère supérieure et moi pouvons seules aller sur le pont; la mer est redevenue calme.

Le dimanche 4 nous apporte à toutes une bien douce joie, celle d'avoir la sainte Messe dans le salon. Militaires, matelots et religieuses adorent leur Seigneur et

Maître à l'édification commune. Notre bon capitaine priait de tout son cœur et lisait dans un livre d'office. Notre consolation fut grande, et nous exprimâmes toute notre reconnaissance à celui qui nous l'avait procurée. Nous devions toucher, le lendemain, à Alexandrie. L'ancre est jetée à sept heures et demie. Toutes prêtes sur le pont, nous attendons le signal pour entrer dans une barque. Déjà le steamer est entouré d'Egyptiens qui nous regardent, nous crient, nous font signe de descendre, et ne sont pas moins désireux que nous de nous voir gagner le port. Le salaire ne doit cependant pas se ressembler : pour eux, ils auront un schelling! et nous, qu'espérions-nous? le même bonheur que la veille!..... Mais tous les jours ne sont pas des fêtes, surtout sur la route des Indes! Nous ne devions pas séjourner dans cette ville qui a vu couler le sang de tant de martyrs, et qui est la première halte du missionnaire, sa première étape dans la terre étrangère. Longtemps nous contemplons ce magnifique port auquel rien ne ressemble en Europe; ce bassin immense où des milliers de vaisseaux trouveraient place, et dont on donnerait difficilement une juste idée en le comparant à tout autre. Nos regards se portent tantôt sur le nouveau phare, qui rappelle la puissance, mais aussi la décadence de l'Egypte; tantôt vers cette ville dont toute l'histoire si brillante dans le passé n'offre plus aujourd'hui qu'un assez médiocre intérêt; tantôt sur cette mer immense que nous trouvons si belle lorsque l'ancre est jetée.

Vers huit heures et demie, nous quittons notre premier champ de bataille, non sans faire de bons adieux à l'excellent capitaine qui nous avait donné des preuves si nombreuses de son estime particulière. Nous voici dans la barque qui nous fait aborder en Egypte. Quelle n'est pas notre douleur de voir ces malheureux esclaves qui, comme un troupeau de moutons, sont poussés par leurs chefs armés d'une baguette que meut leur caprice ou leur humeur! et certes il ne fait pas bon compter sur la bonne humeur d'un musulman! Pauvre peuple, dont les yeux ne savent pas se tourner vers le Dieu qui les sauverait!

A neuf heures, nous montons en chemin de fer, et le révérend Père veut bien nous expliquer tout ce que nous rencontrons. Ce n'est pas ici le lieu de faire une description de l'Egypte; mais comment taire ses réflexions toutes de tristesse sur ce peuple abandonné et maudit, ce peuple qui a été l'un des plus civilisés du monde! Cette terre, autrefois habitée par tant de saints et illustres solitaires, la voilà livrée à la dégradation la plus complète et à une infinité d'erreurs qui se disputent ses malheureux enfants! Que d'âmes à sauver! que de flétrissures dans ces âmes! O mon Dieu, où sera donc le pays où nous ne trouverons plus le péché! Dans toutes ces bourgades de l'Egypte, pas une croix ne rappelle le sang qui a couvert les péchés du monde! sur ces tombes amoncelées, pas un signe de consolation et d'espérance! Du reste, les monuments sacrés ou profanes sont rares, et si vous en exceptez les Pyramides restées debout comme témoignage de l'antique puissance des Egyptiens, vous chercheriez même quelquefois les villes; car les habitations qui les composent étant construites en terre de la même couleur que le sol, elles ressemblent plus à un tombeau qu'à la demeure d'un vivant. Quant au sol, il est d'une étonnante fertilité : on a sous les yeux comme un immense jardin se fécondant lui-même. Pendant que nous admirons cette nature si riche, nous arrivons à la première station, à Kafr-Zayat, où notre ticket porte que l'on doit se rafraîchir. Un gâteau de riz fait notre repas et nous regagnons notre rail-way, non sans comparer un peu notre voyage à celui de la sainte famille. Quelques heures après, nous étions au Caire. Là, se reposèrent Jésus, Marie et Joseph dans une grotte et sous un chêne que l'on montre encore. Cette ville, d'un caractère assez original, est un véritable boulevard pour toutes les nations : Grecs, Arabes, Européens, Africains. Les religions y sont aussi en grand nombre; on compte des églises de huit communions différentes. C'est un mouvement, un bruit continuel; les rues, excessivement étroites, sont encombrées d'ânes, de gens et de femmes couvertes de longs manteaux et de voiles qu'elles adaptent au nez avec je ne sais quelle serrure de cuivre, et qui ne laissent voir que leurs yeux. Nous avons à fendre la foule, les cochers font claquer leurs fouets, et c'est à grand'peine que nous allons frapper à la porte des sœurs du Bon-Pasteur, leur demander l'hospitalité pour la nuit. En dix minutes nous avions fait connaissance avec ces bonnes religieuses, qui nous accueillent parfaitement et nous servent le zorolis, liqueur fort agréable.

Pendant que le souper se prépare, nous allons près de Notre-Seigneur. Oh! que sa présence nous parut douce après une si longue privation! Ces bonnes sœurs habitent l'ancien palais d'un pacha. Le souper, la récréation se passent en commun: les sujets de conversation se succèdent et ne tarissent pas. Comme nous, elles sont missionnaires, elles ont tout quitté! Elles ont été obligées de renoncer à leur clôture, d'ajouter l'enseignement à l'œuvre des pénitentes qui est le but direct de leur institut, de recevoir des pensionnaires, etc.....

Le matin nous amène la douce bénédiction de Notre-Seigneur, la sainte messe, la communion, la confession; car sur le vaisseau il nous était bien difficile de nous approcher du sacrement de pénitence. Nous étions bien heureuses : nous avions dormi sur cette terre où Jésus se reposa. Ah! sans doute, il eût aussi un toit pour s'abriter, mais non les mêmes soins, la même affection que nous! Il a plus souffert, parce qu'il est le maître et qu'il aime davantage. Le R. P. Philippe, religieux franciscain à qui est confiée la chrétienté, veut nous voir et nous bénir : il nous conduit à l'église, où nous faisons une agréable rencontre, celle de ces bons Frères de la Doctrine chrétienne que l'on aime tant à voir en France. Ils vont, avec leurs élèves des premières classes, musique en tête, célébrer la fête de saint Nicolas. C'est en l'honneur de ce grand évêque que la sainte messe sera chantée par ce jeune chœur d'enfants arrachés au schisme.

Enfin le moment des adieux est arrivé, et c'est du fond du cœur que nous remercions nos chères et bonnes hôtesses. Les voitures découvertes nous permettent de remarquer les curiosités d'un marché égyptien : c'est une suite de petits toits sous lesquels un noir assis vend des fruits, des légumes, et fait la conversation d'une manière fort nonchalante, fumant un long tube ou servant une tasse de café au cercle qui l'entoure. Mais, tandis que je cause, nous sommes remontées et réinstallées dans nos wagons, et la vapeur qui s'est reposée la nuit ne va pas trop mal. Nous traversons le désert. Ah! que la sainte famille dût souffrir au milieu de ces sables brûlants où l'œil fatigué ne peut se reposer sur la moindre verdure! Divin enfant Jésus, ne serait-ce pas à nous à supporter le poids du jour? et vous ne l'avez pas voulu! Qu'on vante encore notre dévouement..... Oui, mais après avoir contemplé Jésus dans les bras de Marie!

De l'autre côté du désert, un spectacle différent nous occupe : ce sont les montagnes de la Thébaïde, d'arides rochers qui ont été peuplés de tant de saints solitaires, comme les Antoine, les Paul, les Macaire, les Pacôme, les Marie d'Egypte. Ah! il fallait bien une vie toute de contemplation et de prière au milieu de ce néant de la nature! Le ciel seul, dont la pureté est si grande et les beautés si magnifiques, devait attirer leurs regards. J'aperçois Suez! Pauvre ville, pauvre peuple, pauvre prêtre! Il y a bien peu de temps encore, cette ville, placée entre le désert et la mer, n'avait rien qui pût la conduire à Dieu. Enfin un missionnaire s'est dévoué : il n'a pas d'église, mais il offre le saint sacrifice dans une maison, et il prie pour ceux que Dieu veut bien visiter dans sa miséricorde.

C'est à Suez que nous devons reprendre, non la diligence, la malle ou le chemin de fer, mais le steamer, et ce n'est pas sans quelque émotion. Suez est justement la limite de ces montagnes qui longent le bord de la mer et qui la séparent du désert. C'est là certainement que les Israélites poursuivis par Pharaon virent un passage s'ouvrir pour eux à travers les flots, à la voix de Moïse. Nous voici, à notre tour, sur ce théâtre des bienfaits de Dieu pour son peuple choisi; pour cette petite famille qui répond à sa voix, il aura aussi une protection toute particulière. Nous en avons besoin, car, de l'aveu même des marins, il faut une surveillance continuelle pour la navigation sur une mer si étroite.

Le R. P. Saint-Cyr nous communique quelque chose de sa confiance si parfaite en Notre Seigneur, et nous n'avons peur de rien. Notre nouvelle demeure pour quelques jours est un magnifique steamer à hélice de deux mille tonneaux, qui va porter quelques centaines de passagers ou hommes d'équipage. C'est une véritable arche de Noé où semblent réunies toutes les espèces de la création, sans compter les esclaves noirs, pauvres gens qui servent de manœuvres et dont les cris ressemblent à ceux de bêtes sauvages. Nous sommes entassées pêle-mêle avec des Anglais, des Français, des Espagnols, des Africains, des ministres protestants, des enfants, des noirs, des blancs; tout cela est dans la meilleure intelligence, ou plutôt chacun s'isole comme il peut. Nous nous casons de notre mieux dans une cabine d'environ six pieds, où il faut coucher deux sur des planches suspendues à la paroi du vaisseau. Les deux ou trois premiers jours, le mal de mer nous éprouve encore, puis nous commençons l'étude du tamoul avec notre petit professeur indien. Notre première leçon est des plus gaies; et tandis que nous rions de ces mots à faire éternuer, de ce grimoire qui semble inventé par le diable pour en décourager de plus intrépides que nous, Notre-Seigneur nous prépare une grâce inespérée : la R. Mère supérieure obtient de notre capitaine protestant la permission d'avoir la sainte messe, chose inouïe jusqu'alors; et voilà, comme dit si bien le R. P. Saint-Cyr, qu'une pauvre religieuse arrive à soulever cette montagne! Mais le R. Père ne connaissait pas encore cette pauvre religieuse qui ne compte que sur Dieu!

Le 9, la mer Rouge et sa brise ne nous mettent pas à l'abri d'une chaleur tropicale; nous revêtons nos costumes de coton blanc pour nous préparer au passage de la ligne. Le dimanche 11 décembre, nous espérions avoir

le bonheur d'entendre la sainte messe et de recevoir la
sainte communion en réparation du service protestant
qui a lieu ce même jour; mais, hélas! voilà que le vent
s'élève, et la mer devient si mauvaise qu'il nous faut
renoncer à ce bonheur, et nous résigner à réparer d'une
manière moins consolante, par le sacrifice.

Le lundi 12, nous devions aborder à Aden, où nous
avions l'espoir d'entendre la sainte messe; mais les vents
sont contraires, ce ne sera que pour demain. La nuit
se passe en manœuvres, et nous n'avions pas fermé les
yeux lorsque, le matin, une voix du dehors vient nous
dire le *Benedicamus Domino*. Il était quatre heures et
demie. Vers cinq heures, nous sommes réunies sur le
pont, au clair de la lune, attendant la barque qui doit
nous recevoir. Le temps s'écoule et rien ne paraît; la
canon cependant a signalé le bord. Enfin, vers cinq
heures et demie, arrivent trois Arabes à demi vêtus;
nous voudrions pousser leurs rames qu'ils semblent
traîner sur les eaux. Enfin nous touchons terre, et nous
voici à la recherche d'une église. Celle de la ville est
trop loin; le R. P. Saint-Cyr veut nous conduire à celle
du port, parce qu'il ne faut qu'un quart d'heure pour
y aller. Il ouvre la marche dans le sable au milieu de
la montagne, et nous le suivons à tire-d'aile, à des
distances inégales, suivant les forces respectives. Nous
voici au sommet, mais non, hélas! au comble de nos
désirs. Oh! déception inénarrable! l'église est là, mais
inachevée, ouverte à tous les vents! Nous nous regar-
dions avec un sourire assez amer, lorsqu'un capucin à
barbe blanche vient nous tirer de notre stupeur. C'est
frère Paschal, bon religieux de vingt-cinq ans de pro-
fession; il essaie de relever nos courages, nous fait
grimper en sa chambre par un véritable escalier de

chèvre, nous sert du vin d'Europe, et pendant qu'il le vante, nous déplorons notre mésaventure. Le R. P. Saint-Cyr, qui ordinairement a du courage, est désolé. Cependant une pensée bien douce vient nous apporter une consolation : le bon frère nous apprend que les côtes d'Afrique et Socotora sont concédées aux Capucins pour la Mission. Ainsi le salut sera offert là encore à toutes les âmes de bonne volonté : que Dieu en soit béni ! Nous promenons quelque temps notre désappointement sur la côte d'Aden, au milieu de pauvres nègres déguenillés qui nous font mal à voir ; l'heure fixée nous rappelle à bord, et nous reprenons notre vie de chaque jour. Les prières de règle, l'étude du tamoul remplissent la matinée jusqu'à l'heure de l'examen, sauf quelques instants de récréation après le déjeuner. La seconde partie de la journée ressemble beaucoup à la première, aussi avons-nous la satisfaction de suivre quelque chose de notre règlement de Réparatrices. Tout ceci se passe sur le pont, et vers cinq heures arrive le diner, qui pour plusieurs est un bien triste moment.

Le 15 décembre, nous apercevons l'île de Socotora et nous allons perdre de vue l'Afrique ; nous approchons de la vigne à laquelle désormais nous devrons travailler. Toutefois c'est lentement, et le jeune Indien qui nous réjouit continuellement par les saillies de son esprit naturel, nous dit d'un ton solennel : « Mères, vous ne priez pas assez, nous n'arriverons pas à Madras pour Noël ! » Alors suivent de très-mauvais jours, plusieurs d'entre nous sont bien malades, et pourtant c'est à grand'peine et après des heures d'attente que nous obtenons quelques drogues. Nos deux sœurs coadjutrices sont si mal dans leur cabine, que nous en prenons une avec nous, et c'est pour le coup que nous ressemblons aux poules que l'on garde au perchoir; nous ne pouvons nous coucher que l'une après l'autre : sans cela il y aurait conflit et contusions. Durant trois jours la mer est grosse et les bulletins de santé sont mauvais. Enfin le dimanche 18 nous apporte quelques soulagements corporels et spirituels : le bon Maître descend dans nos cœurs qui l'attendaient depuis quinze jours; nous avons la sainte messe à laquelle assistent quelques catholiques et nos officiers français.

Le 19, la mer est toujours forte et les vents sont contraires; seule, je suis en état de prendre la leçon de tamoul; toutes les Mères réparent, en souffrant; mais le courage ne faiblit pas, que Dieu soit béni !

Le 20, nous approchons des côtes et sommes un peu abrités; la mer et les santés sont moins mauvaises. Le lendemain, saint Thomas, apôtre des Indes et martyr, dont on célèbre la fête, nous amène une bonne journée; cette fête, hélas ! nous la passons avec amertume, reportant nos pensées vers un temps où les missionnaires pouvaient célébrer la messe presque tous les jours pendant leur traversée. Enfin nous réparons par le sacrifice, et en avant!... La nuit se passe, non comme toutes les nuits, car nous entrons dans le golfe de Manaour. A partir de ce moment le vent souffle avec violence, et les vagues sont si fortes que tous les objets se renversent. Malheur à ceux qui ont leur cabine au premier rang en bas : ils reçoivent la visite de la mer, qui les inonde. Le R. P. Saint-Cyr en est à la troisième alerte; il fait un paquet de son léger bagage, le suspend au plafond et vient se loger sur le pont pour échapper à un nouveau déluge. Le jour n'amène pas le calme; impossible de se tenir debout : on tombe, on roule, on finit par se coucher à terre; la lame passe par-dessus le pont,

les passagers sont inondés aux éclats de rire de tous; on
change de place, laissant aux nègres le soin de balayer;
mais un quart d'heure après, même épisode et même
gaieté se renouvellent. Nous éprouvions une espèce de
vertige qui nous épuisait, nous ne pouvions nous occu-
per à quoi que ce soit. Quel majestueux et saisissant
spectacle que celui de cette mer soulevant des flots qui
s'élèvent comme des montagnes, puis s'entr'ouvrent
comme des gouffres profonds! Les vagues se succèdent
avec la rapidité des nuages au moment de la tempête,
elles se brisent l'une contre l'autre, et couvrent la mer
de vrais flocons de neige. Que l'homme est petit devant
cette tourmente! et que peu de chose il faudrait pour
engloutir cette embarcation qui, portée sur ces flots
agités, s'en va suivant toutes leurs oscillations. Si la peur
ne nous gagne pas, nous ne pouvons du moins voir ce
spectacle de sangfroid, et notre sécurité vient plutôt de la
confiance en notre divin pilote que de l'absence du danger.

Vers midi, nous passons près de l'île de Mourcoï, la
plus méridionale des Maldives; ce soir nous sommes par
le 75e degré de longitude, et en latitude par le 7e et
environ cinq minutes. Notre jeune Indien, qui habi-
tuellement attire tous les passagers par le chant des
hymnes tamoul, garde le silence; il est très-mécontent
de notre capitaine qui, au souvenir de la perte que la
compagnie a faite l'année dernière de trois de ses vaisseaux, met toutes les lenteurs possibles et sonde la mer
à chaque instant. Mais voici le pont qui se couvre des
matelas de ceux qui préfèrent la belle étoile à l'air
étouffé de leurs cabines; dès cinq heures les gentlemen
se promènent avec l'oreiller et la natte pour prendre
possession du terrain. C'est presque la même précipi-
tation que pour les plats, à table d'hôte.

Demain nous toucherons à l'île de Ceylan; nos officiers français vont nous quitter : nous leur donnons des
médailles de la Sainte-Vierge, et le sous-intendant mili-
taire nous offre une relique du saint sépulcre.

Le vendredi 23, terre! terre! s'écrient les marins
battus par la tempête, ces pauvres voyageurs exilés de
la patrie. Terre, terre!.... Patrie! nous le dirons dans
quelques jours, mais déjà nous pouvons saluer la terre
des Indes! D'assez bonne heure nous apercevons cette
île tant désirée. Nous avons grand besoin de poser le
pied sur la terre ferme, qui, malgré les plus belles in-
ventions à vapeur, les steamer, les hélices, sera toujours
le plus sûr abri.

La tradition place ici le paradis terrestre : on y voit
le pont d'Adam sur des roches; on y cultive un fruit
appelé le fruit de vie, qui ressemble à une orange et est
devenu un poison depuis le péché; un autre fruit, dési-
gné comme fruit défendu, a la forme de deux X jointes
par le milieu. C'est du reste un séjour enchanté. Nos
yeux, fatigués des beautés de la mer, se reposent avec
bonheur sur cette admirable verdure placée au milieu
des flots comme une oasis délicieuse; la nature ne peut
pas fournir une plus magnifique végétation : les bana-
niers à larges feuilles, les cocotiers, les palmiers et tant
d'autres arbres dont j'ignore le nom se dessinent dans
le plus beau ciel de l'orient. Aussi, c'est avec regret que
nous quittons ce paradis pour reprendre et chaloupe et
steamer.

Vers neuf heures et demie l'ancre est levée pour ne
plus être jetée qu'à notre prise de possession de la terre
des Indes. Tout le vaisseau est orné de fleurs et de
verdure; le soir on sert le thé et le punch de la Christ-
mas; puis tout-à-coup les lumières disparaissent, et le

salon n'est plus éclairé que par la flamme bleue de l'eau-de-vie jetée sur une vaste jatte pleine de raisins secs. Toutes les mains s'y plongent pour en retirer quelques grains ou..... quelques brûlures.

La nuit est mauvaise, grosse mer et vent violent. Le temps se calme cependant de manière à permettre de dire la sainte messe, à laquelle assistent quelques passagers et matelots.

Le 27, vers deux ou trois heures, on nous signale les montagnes de la côte de l'Indoustan où fut martyrisé l'apôtre saint Thomas. De ce moment nous ne pouvons plus rien faire, semblables à des prisonnières qui sentent la liberté leur arriver. La voici donc enfin cette terre arrosée du sang de tant de martyrs ! voici notre patrie nouvelle ! Que nous sommes heureuses d'avoir été choisies, si ce n'est pour y verser notre sang, au moins pour y consacrer notre vie au salut de ces âmes qui vont nous être confiées. Nous apercevons Madras : on tire le canon, on hisse les pavillons, et l'ancre est jetée à une lieue en mer, Madras n'ayant pas de port. Les chaloupes arrivent, et bon gré malgré il faut se lancer, car il n'y a pas de point d'appui. La chaloupe ne peut s'amarrer assez près du vaisseau ; elle suit tous les mouvements des vagues, tantôt s'élevant, puis semblant être engloutie par la lame. Au moment donné, nous nous élançons et sautons dans la barque, blotties à côté l'une de l'autre et n'osant bouger jusqu'à ce que la dernière de nous ait signalé son arrivée par une bonne secousse. Nous ne sommes pas coulées à fond, Dieu merci ! et nous voici à la garde de treize sauvages qui font entendre les cris les plus lugubres pour se donner du courage. Après trois quarts d'heure de rames, deux ou trois nouvelles secousses nous annoncent l'abordage ; une

lame nous pousse sur le sable, puis une autre, et nos
bateliers de descendre, de nous hisser sur une planche
et de nous porter en triomphe sur le rivage.

Le divin pilote nous a conduites sans naufrage, Marie
notre bonne mère nous a fidèlement gardées ! Nous
sommes aux Indes, nous saluons notre terre promise
appelée par tant de vœux ; toutes les fatigues sont ou-
bliées.... que Jésus et Marie soient mille et mille fois
bénis par nos cœurs reconnaissants !

TOULOUSE, IMPRIMERIE DE L. VIGUIER, RUE DES CHAPELIERS, 13.